BEI GRIN MACHT SICH IHR WISSEN BEZAHLT

AF136487

- Wir veröffentlichen Ihre Hausarbeit,
  Bachelor- und Masterarbeit

- Ihr eigenes eBook und Buch -
  weltweit in allen wichtigen Shops

- Verdienen Sie an jedem Verkauf

Jetzt bei www.GRIN.com hochladen und kostenlos publizieren

Lilly Maier

Methoden der Literaturwissenschaft. Grundlagen der Textanalyse und -interpretation

GRIN Verlag

Bibliografische Information der Deutschen Nationalbibliothek:

Die Deutsche Bibliothek verzeichnet diese Publikation in der Deutschen National-
bibliografie; detaillierte bibliografische Daten sind im Internet über http://dnb.d-
nb.de/ abrufbar.

Impressum:

Copyright © 2011 GRIN Verlag GmbH
Druck und Bindung: Books on Demand GmbH, Norderstedt Germany
ISBN: 978-3-656-85442-5

Dieses Buch bei GRIN:

http://www.grin.com/de/e-book/285161/methoden-der-literaturwissenschaft-
grundlagen-der-textanalyse-und-interpretation

GRIN - Your knowledge has value

Der GRIN Verlag publiziert seit 1998 wissenschaftliche Arbeiten von Studenten, Hochschullehrern und anderen Akademikern als eBook und gedrucktes Buch. Die Verlagswebsite www.grin.com ist die ideale Plattform zur Veröffentlichung von Hausarbeiten, Abschlussarbeiten, wissenschaftlichen Aufsätzen, Dissertationen und Fachbüchern.

SLK-Ringvorlesung zu Grundlagen und Methoden der Literaturwissenschaft

Was können und was wollen die Literaturwissenschaften?
Literatur ist kein statisches Gebilde → gilt auch f. d. Wissenschaft. Status u. Auffassungen
davon, was Literatur u. Wissenschaft ist, verändern sich im Laufe d. Zeit.

Literatur ist Teil der menschlichen Kultur → muss im Umfeld betrachtet werden

Was ist ein Text, und wie lässt sich die unübersehbare Menge von Texten, die der Literatur
zugerechnet werden, ordnen?

Was haben wir davon, wenn wir Texte literaturwissenschaftlich analysieren?

Palimzest = Bild f. Anliegen d. Literaturwissenschaft – verschiedene Schichten einer
Textrezeption wie Schichten einer Zwiebel ganz viele Texte untereinander
(Palimzest = Papyrus-Schriftrollen, weil so teuer immer wieder verwendet)

Germanistik
19. Jhdt.: Entstehen d. Germanistik ist stark mit Nationalstaatwerden (*nationbuilding*)
verbunden – vor Gründung GERs als Nationalstaat 1870 →Schaffung eines kulturellen
Grundstockes

Deutsche Sprache = besonders, hat sich spät entwickelt, erst im 18. Jhdt.
Ende 18. Jhdt: Verdreifachung d. Wortschatzes – Entwicklung zum vollen Format
im 19. Jhdt. wird Deutsch eine wichtige Wissenschaftssprache jetzt immer weniger = Verlust

Eigenarten d. deutschen Sprache:
-    Komposita (lang zusammengesetzte Worte)
-    trennbare Verben (z. B. stattfinden, findet ... statt)

Jede Sprache hat Sprachvielfalt = eigener Zugang auf Darstellung, Literatur

Auch Neu/Weiterentwicklungen: Deutsch als Fremdsprache, Deutsch als Zweitsprache

Gebrüder Grimm
Jacob u. Wilhelm Grimm
Sammlung v. Märchen als deutsches Kulturgut (nicht typisch deutsch, vieles eingewandert)

haben Germanistik mitgegründet
Begriff Germanistik als Fachbezeichnung geht auf sie zurück
     + Generelle Dreigliederung in: Linguistik, Mediävistik, Literaturwissenschaft

vom Konzept der Nationalphilologien zu den allgemeinen, vergleichenden
und transnationalen Literaturwissenschaften

Starke Verbindung v. Sprache u. Literatur

Textkompetenz
Textkompetenz als Schlüsselqualifikation: Verarbeitung u. Vermittlung literarischer u.
kultureller Gegenstände u. Zusammenhänge

Text = „zerdehnte Sprechsituation" (zeitlicher Abstand zw. Sprecher u. Hörer)

Text = Aussage

- Was ist Thema? Welche Sachlage entfaltet Text?
- Welche Aussagen über Sachverhalt?
- Wie aufgebaut?
- Methoden? (bewertend?, Sachen weggelassen?, Informationslücken?)
- Erzählmuster? (chronologisch?, Raffung?, Anschlüsse?)
- Zeitverlauf? (Erzählzeit Dauer, wie lang ich lesen muss ←→ erzählter Zeit dargestellte Zeit)
- Impuls? Dauer? Dynamik?
- An welchen Stellen sind sinnvolle Verknüpfungen?
- Erzählperson? (Wer spricht mit wem?)

Zeiterfahrung = relativ

Text als Kommunikation – Erzählposition (Autor / Erzähler nicht ident)

Literaturwissenschaft = Textwissenschaft (soll nah bleiben, Text ist wichtiger als Autor)

Grundlagen der Wissenschaft:

a) Ein Gegenstand
b) Aussagen über diesen Gegenstand
c) Methoden zur Auffindung dieser Aussagen

Literatur = „Menschheitsgedächtnis der Wörter und Sätze, Schriftwerke und Dichtungen"
(Albrecht Schöne)

Literatur(wissenschaft) als Wissens- u. Erfahrungsarchiv

Autor(-in) → Werk →Leser(-in)

Produktion → Verarbeitung → Vermittlung → Rezeption

Textrezeption u. -produktion → Rezeption (also Text über Text ist auch wieder Text)

hängt v. komplexen Auswahl- u. Deutungsmechanismen ab

beeinflusst von betreffendem Trägerkollektiv oder Gesellschaft
→ historisch u. kulturell wandelbar

Wo:
- Bildungsinstitute
  o Schulbehörden (Lehrpläne, Prüfungsordnungen)
  o Schulen
  o Universitäten
  o Bibliotheken
  o Theater

- Wissenschaft
    - o Literaturwissenschaft
    - o Literaturgeschichtsschreibung

- Medien (Empfehlungen, Rezensionen, Bestenlisten, Kritik)

- Buchhandel, Verlage (öffentliche Lesungen, Marketingstrategien)

- Kulturelle Vereine

- Politik (kulturpolitische Entscheidungen, Literaturförderung)

→ all das trägt zur Rezeption und Wertung von Literatur bei

→ all das bietet vielfältige Forschungsfragen
- Verbindung v. Literatur u. Gesellschaft
- Literatur als Kommunikationsmittel
- literarische Sozialisation → Umsetzung in Literaturpädagogik

holt sich Hilfe in anderen (v. a. sozialwissenschaftliches Spektrum: Psychologie, Soziologie)

EDITION

Grundbegriffe d. Edition

„Edition" = lat. „Herausgabe"

? Welche Ausgabe nehme ich ?

Wie kommt es zu versch. Ausgaben?
Manchmal Texte nur noch in verstümmelter Form übrig, oder d. heutige Text entspricht nicht der grundsätzlichen Autorintentionen

→ Aktualisierung (Bsp.: Simplicissimus im Original einen 20-seitigen Titel in Faktur, heute ein Wort-Titel)

→ Übersetzung (= Interpretationsarbeit)

→ Kürzung (um neues Publikum zu erreichen)

→ Übertragungsfehler, Nachdruckfehler

→ Eingriffe durch Verlage u. Redaktionen aus politisch-ideologischen, religiösen, ethisch-moralischen Gründen

→ Zensur

→ Bilder (prägen stark die Rezeption, Aufnahme d. Werkes)

3

Ausgabentypen:

1. Leseausgaben

2. Studienausgaben

3. Historisch-kritische Ausgaben zeigt deutlich versch. Lesarten, Herausgeber macht
   Editionsprinzipien u. Entscheidungskriterien kenntlich
   zeigt Entzifferungen, Druckfehler, Einstellungen durch Herausgeber, Zensur, etc. auf

4. Faksimile-Ausgaben
   originalgetreue Kopie od. Reproduktion, selbes Papier, selbe Schrift, ...

5. Regestausgaben
   Sonderform, = nicht Abdruck v. Schriften, sondern Hinweise wo sich die Dokumente
   finden lassen (wenn es zu viele Dokumente/Briefe v. einem Autor gibt u. nicht alle
   abgedruckt werden können)

Bei Wissenschaft: auf zuverlässigen Text zurückgreifen (reclam, dtv, Insel)

Weg zur Herausgabe
wichtig, wo nachgelassenen Schriften eines Autors archiviert u. welche Quellen überliefert
(zB.: Heine-Institut Düsseldorf, Fontane-Archiv Potsdam)

Auswahl d. Textgrundlage

relevant:
- Autographen eigenhändige Niederschrift
- Abschriften v. fremder Hand
- Korrekturfahnen
- Erst- und Nachdrucke
- Veröffentlichungen in Zeitschriften od. Sammelbänden
- Vorstudien
- Exzerpte Zusammenstellung d. wichtigsten Gedanken in einem Text
- alle Zeugnisse, d. Aufschluss über Textgeschichte geben (u.a. Briefe, Tagebuch)

Frage nach Textkonstitution:
kritische Durchsicht v. Text, um Druckfehler, Textentstellungen zu finden → evtl. Korrektur

Herausgeber historisch-kritischen Ausgabe → alle denkbaren Fehlerquellen einkalkulieren !

Variantenapperat
historisch-kritische Ausgabe → Textgenese so umfassend wie möglich dokumentiert

- Chronologie d. Textzeugnisse

- Verzeichnis d. Entstehungsvarianten (= Autorvarianten)
  spiegelt Arbeitsprozess d. Autors wieder (Korrekturvorgänge etc.)

- Verzeichnis d. Überlieferungsvarianten (= Fremdvarianten)
  spiegelt Druckgeschichte eines Textes wieder

Varianten → nützlich f. Textinterpretation

Erläuterungen u. Kommentare
Erschließung d. edierten Texte = zentrale Aufgabe d. Editionsphilologie

= Voraussetzung, um literarisches Werk aus geschichtlichem Abstand heraus zu verstehen

→ durchaus umstritten, in welcher Weise und in welchem Ausmaß das geschehen soll

---

TETXTANALYSE - HERMENEUTIK

Auseinandersetzung mit Text = Form v. Dialog

Literarische Texte = polyvalent, vieldeutig
        → haben Auslegungsspielraum

Texte haben verschieden Zugänge, wie Zwiebelschichten, wie Türen zu einem Raum,
unterschiedliche Blickwinkel

? Frage nach Macht oder Allmacht des Interpreten?
        entscheidet, wie weit Auslegungsspielraum reicht (reichen soll / reichen darf)

! Es gibt keine einzig richtige Interpretation !

→ bedeutet aber nicht, dass alle Herangehensweisen angemessen sind, es gibt schon
unterschiedliche Qualität

wissenschaftliche Beschäftigung mit Literatur zielt auf Komplexität, auf verschiedene
(individuelle) Lesarten ab = Unterschied zur typischen Schul-Interpretation (vgl. Vogt 52-54)

Verstehen hängt immer auch mit Interpretation zusammen.
        zB Biographien: beruhen auf Auswahl, Erzählweise, Konzentration u. Deutung

Bsp Text v. Herodot über gefangenen Ägypterkönig
Hat alter Mann das Fass zum Überlaufen gebracht? Hat er mit den Kindern gerechnet, nicht mit der Bestrafung
des alten, armen Mannes? Berührt ihn das Leiden seines Volkes? Hat er das Gefühl, sein Volk nicht mehr
beschützen zu können?

Rezeption => steht im ständigen Wandel

→ Alle Texte werfen Fragen u. Probleme auf, fordern zur Auslegung u. Deutung heraus →
Immer wieder auch neue Fragen. → unterschiedliche Sichtweisen, unterschiedliches
Herangehen, unterschiedliche Epochen od. Kulturen kommen zu anderen Fragen

Hermeneutik = Verstehenslehre, Kunst d. Verstehens
vgl. Götterbote Hermes, der immer Botschaften überbringt

in philosophischer Hinsicht: Hermeneutik = Auslegung od. Interpretation bestimmter Phänomene <u>und</u> Reflektieren d. Verstehensprozesses

Hermeneutik findet zwischen Textlektüre, Gedanken u. Rezeption statt
→ zwischen Text und Kontext

kann nie ganz eindeutig sein → Geisteswissenschaften sind problemorientiert
(Naturwissenschaften ergebnisorientiert)

Unterscheidung v. Wilhelm Dilthey: „erklärende Naturwissenschaften ←→ verstehende Geisteswissenschaften" früher: Geisteswissenschaften Minderwertigkeitskomplex, weil nicht so eindeutig

Dialog mit Text u. Wissensinformation

Verstehen(sbegriff) ist prozessual

Hermeneutischer Zirkel

<u>„das Ganze aus dem Einzelne und das Einzelne aus dem Ganzen verstehen"</u>
→ dabei bewegen wir uns im „Zwischenzustand von Vertrautheit und Fremdheit"
      Hans-Georg Gadamer

Kreisbewegung: ausgehend von d. Lektüre ergeben sich text-externe (historische und gesellschaftliche) Informationen, d. unverstandene Stellen im Text aufklären, womöglich aber auch neue Fragen aufwerfen ....
      = Wechselspiel von Text und (historischem) Kontext

wir deuten immer auch im Kontext unseres Vorwissens (was ist für mich selbstverständlich?)
z. B. Naturgedichte aus Romantik → anderer Naturbegriff als heute, auch anderer als in anderen Kulturen →
Natur als Idylle, Natur als Bedrohung = Wechselspiel v. Sprachverstehen und Sachwissen

Texte werden immer neu und anders gelesen
(z. B. Revival von Hesse durch 68er, vom Autor sicher nicht als Jugendbewegungsromane gedacht)

Lesen = aktiver Prozess, im Kopf entsteht eine individuelle Vorstellung (←→ Film)

Kunst will Auseinandersetzung

Sinn der Texte jeweils aufs Neue reaktualisiert
- Leitfragen: Wie lesen Sie den Text?
- Was für Stimmungen löst ein Text aus?
- Was für Assoziationen verbinden wir damit?
- Anschaulichkeit: Was „sehen" Sie?

auch die ästhetischen und literarischen Erfahrungen differieren (<u>Wertungskriterien!</u>)

→ kann deshalb nicht nur von „<u>Interpretationshorizont</u>" (Gadamer) sprechen, sondern auch von der Zugehörigkeit zu einer bestimmten „<u>Interpretationsgemeinschaft</u>" (Stanley Fish).

      → „Interpretationsgemeinschaft" – kommt auch aus Vorbildung d. Deutschunterrichts

<u>Interkulturelle Hermeneutik</u> → in d. Fremdkulturwissenschaften, z.B.

Deutsch als Fremdsprache / Interkulturelle Germanistik

METHODEN DER LITERATURWISSENSCHAFT

Gegenstand d. Forschung = Literatur

Literaturwissenschaft soll dem Text angemessen sein, gerecht werden
– nicht zu verschematisiert, zu verwissenschaftlicht (z. B. Lachen ist erlaubt)

Literaturwissenschaft soll Wissenschaftler und Literaturliebhaber zusammenbringen
Schönheit muss noch erkennbar sein Idealtyp: Sammler (Nähe zum Objekt)

Methoden müssen passen → Interpretation kann sich an Literatur orientieren.
  a) notwendige anonyme Verfahren
  b) + kompetente u. exemplarische Subjektivität

in diesem Sinne = Literaturwissenschaft bestrebt, sprachliche Ausdrucksformen (Erinnerung
an d. Andersartigkeit poetischer Texte) in d. wissenschaftliche Fach zu integrieren

Textinterpretation → Deutung
Literarische Hermeneutik

! es gibt keine einzig richtige Interpretation !

Textdeutung muss:
  -   sich um Plausibilität u. Nachvollziehbarkeit bemühen

  -   => möglichste viele Texte eines gegebenen Textes integrieren u. damit anderen
      konkurrierenden Deutungen standhalten können

  -   darauf achten, durch welche künstlerischen Mittel u. Strategien ein Text Bedeutungen
      bzw. Sinnpotentiale erzeugt

  -   nicht nur strukturanalytische u. gattungspoetische → sondern auch literatur-
      geschichtliche, historische u. soziologische Erkenntnisse u. Gesichtspunkte
      einbeziehen = im Kontext etwas anderes hinzuziehen (Geschichte, Psychologie, ...)

→ Interpret entscheidet, wie weit er sich aus dem Fenster lehnt
→ legt Auslegungsspielraum fest

Interpretationen erfolgen v. außerhalb d. Texte liegenden Standpunkten, Perspektiven,
Anschauungen aus → produzieren darum von d. gewählten Positionen her bestimmte
Bedeutungen

Interpretationen entstehen aus Aufeinander-Beziehen v. Text u. Außertextlichem (Kontext)

literarische Text muss kontextualisiert werden, um verstanden werden zu können (während d.
Lektüre) → erhält erst dadurch Sinn u. Bedeutung

Geschichte d. Interpretation

- alle Textdeutungen über Kontexte ausgeführt
- nach 2. WK: „werkimmanente Interpretation" (nur Text, alles außen ist unwichtig)

Sind alle Kontexte, die in einer Interpretation eingesetzt werden können, gleich sinnvoll?
Wie weit kann ich mich mit außertextlichen Komponenten beschäftigen?
Was ist sinnvoll? Passen Werkzeug und Gegenstand zusammen?
(Ist es wirklich sinnvoll Adjektive zu zählen, aber Inhalt zu vernachlässigen?)

→ zeigt sich erst in Ergebnissen d. fertigen Interpretation
→ muss von Fall zu Fall beurteilt werden

Oft d. Interpretationen berühmt, die ungewohnte Perspektive aufzeigen

Trotzdem: im Mittelpunkt sollte der Gegenstand Literatur stehen

„Die Qualität eines Gedankens ermißt sich aus dem Abstand zum Bekannten."
(Theodor W. Adorno)

GRUNDBEGRIFFE DER TEXTINTERPRETATION

Ästhetik
= (philosophische) Disziplin, die sich mit Fragen der Kunst im Allgemeinen beschäftigt (ab Mitte 18. Jhdt.)
= Lehre v. Schönen, Organisation nach d. Prinzipien d. Schönheit
= Untersuchung hin auf Bedeutung d. Schönen
Maßstäbe f. was schön ist ändern sich (siehe Barock, Antike)

Gegenwart => Frage nach dem Modus der sinnlichen Erkenntnis (Sehen, Fühlen, Hören), welch die klassische Ästhetik bestimmte, zweitrangig geworden.
„Das Schöne" als Gegenstand der Ästhetik kann mit Blick auf seine immanenten Strukturen oder im Hinblick auf seine gesellschaftliche und kulturelle Bedeutung oder Funktion untersucht werden.

Unterscheidung in Produktions- u. Rezeptionsästhetik. Grenzen zwischen Literaturästhetik u. Poetik → fließend

Bibliographie = Verzeichnis von selbständigen und/oder unselbständigen Veröffentlichungen, thematisch, chronologisch od. alphabetisch gegliedert

= Bücherverzeichnis
selbstständige Lit (primär), unselbstständige Lit (=sekundär)
Verb: bibliographieren

Spezialbibliographien → f. alle möglichen Bereiche
z.B. Thomas Mann Bibliographie = Personalbibliographie (v. ihm, v. allem aber über ihn)
= gute Möglichkeit, um sich Informationen zu beschaffen

wichtig f. Germanistik: Jahrgangsbände

Epochenstil = für eine literaturgeschichtliche Epoche od. Periode charakteristische Stil- und Schreibeigenheiten, die meist sprachgeschichtlich geprägt sind

    ←→ **Individualstil** = individuelle Stileigenheit eines Autors od. einer Autorin

Schemaliteratur = beruht auf Schema, Arztromane beruhen auf Aschenputtel

Fiktionalität => bezeichnet im engeren Sinn das Erfundene, Erdichtete im Unterschied zum Tatsächlichen. Fiktionen beschreiben Möglichkeiten einer tatsächlichen Wirklichkeit.
    Fiktionalität wurde als ein spezifisches Charakteristikum von Dichtung verstanden.
    → allerdings ist nicht jeder Text der Literaturgeschichte fiktional!

In philosophischer Hinsicht treibt literarische Fiktionalität das Wahrheitsproblem hervor: Sind Fiktionen Lügen oder sind sei wahr? => seit Antike strittig (Platon). Literaturwissenschaft hat es also mit etwas zu tun, das es „eigentlich" gar nicht gibt - oder doch eben nur als Literatur. Darin liegt der merklichste Unterschied zwischen literaturwissenschaftlichem Denken und naturwissenschaftlichem Objektivitätszwang.

Metrik = Lehre v. Versformen

Primärliteratur = Quellentext

Sekundärliteratur = wissenschaftliche Literatur, Forschungsliteratur

Zitierfähigkeit => Quellentext, mit dem Sie im Rahmen Ihres Studiums arbeiten, muss wissenschaftlichen Standards der Textwiedergabe genügen.

Wann = Ausgabe zitierfähig?
Wann = Text zitierfähig?

→ historisch-kritisch f. Doktorarbeiten,

RHETORIK UND POETIK

Rhetorik = Theorie der Redekunst
Poetik = Lehre von der Dichtkunst

RHETORIK

- zeigt Regeln u. Möglichkeiten d. sprachlichen Produktion
- auf allen Feldern d. Sprachgebrauchs angewendet
  von Alltagskommunikation, über Sachtexte bis zum literarischen Text

Worin liegt der Grundbestand rhetorischen Wissens, wie es in der <u>Antike</u> gelehrt wurde?

Drei typische Funktionen bzw. Situationen:
- Gerichtsrede
- politische Rede

- Festrede

Rede soll → belehren (informieren)
→ erfreuen (unterhalten)
→ bewegen

Welche Stilebene wann zu wählen sei, war Gegenstand heftiger Debatten. Cicero plädiert
dafür, die Stilebene je nach dem Gegenstand der Rede zu wählen:

Hoher Stil   → bzw. erhabener Stil, steht dichterischen Sprache nah, arbeitet stark mit
Affekterzeugung
Mittlerer Stil → bzw. gemischter Stil, typisch etwa f. d. wissenschaftlichen Vortrag
niederer Stil →schlichter Stil, ähnlich Alltagssprache, arbeitet mit einfacher Argumentation

5 Elemente / Arbeitsschritte d. Rede:

1) Themenfindung (inventio)
2) Gliederung (dispositio)
3) Sprachliche Ausarbeitung (elocutio)
4) Einprägung bzw. Auswendiglernen (memoria)
5) Freie Vortrag (pronunciatio)

Besonders wichtig → sprachliche Ausarbeitung des Textes (= Feinschliff)

Welche sprachlichen Mittel kann / darf man verwenden?
→ Lehre v. rhetorischen Mittel, Tropen bezieht sich auf Wort u. Figuren bezieht sich auf Text
= spezifische Optionen im Hinblick auf Wortwahl, Bedeutung, Grammatik u. Satzrhythmus

POETIK
- auf Dichtung bezogen
- beschäftigt sich mit Gattungen, Strukturen, Themen, Stilmittel, Entstehung u. Wirkung
v. Literatur

- Poetik ist *„Theorie der geltenden" - genauer vielleicht: der jeweils historisch
geltenden - „Bedingungen für Texte".* (Helmut Schanze)

- Horaz, *Ars poetica* (Über die Dichtkunst, um 20 v. Chr.):
   o Geschlossenheit d. Werkes u. Stimmigkeit d. Elemente (klassischer Stil)
   o Anschauliche, ästhetische Qualität d. Dichtung (*aisthesis*, 'Wahrnehmung'),
   ut pictura poesis - Dichtung soll wie ein Gemälde sein
   o Wirkungsweise: *prodesse* und *delectare* - Dichtung soll nützen u. erfreuen

- Nationalsprachliche Renaissance -Poetiken vom 15. - 18. Jahrhundert:
   o Rückgriff auf antike Tradition (Aristoteles, Horaz)
   o Dichterische Rang d. neuen Volkssprachen (Martin Opitz: erste deutsch
   Poetik)
   o Regelwerke u. Lehrbücher: Hinweise zur Thematik u. zur poetischen

Technik f. d. einzelnen Gattungen. Erlernbarkeit d. Dichtung, in enger
Bindung an die Rhetorik
   o Wertungskriterien: präskriptive oder normative Poetiken

-   Johann Christoph Gottsched, *„Versuch einer Critischen Dichtkunst vor die
    Deutschen"* (1751)

-   Sturm und Drang: Befreiung v. Regeln d. Gesellschaft, auch v. Regelwerken v.
    Rhetorik u. Poetik

-   Goethe, *„Die Leiden des jungen Werthers"* (1774) => Durchsetzung d. Romans,
    Genie-Ästhetik, Ende der Vormachtstellung einer normativen Poetik

Drei Entwicklungstendenzen:

1) Allgemeine Ästhetik od. Philosophie d. Kunst:
    Literatur rückt neben andere Künste: Architektur, Plastik, Malerei u. Musik
    Georg Wilhelm Friedrich Hegel: *„ Vorlesungen über die Ästhetik"* (1828)
    → Georg Lukács, Walter Benjamin, Theodor W. Adorno knüpfen daran an

2) Literaturwissenschaft führt Fragestellungen d. Poetik fort u. erweitert sie
    => Deskriptive Poetik
       z.B.: Bauformen des Erzählens, geschlossene u. offene Form im Drama

3) Autoren-Poetik
       z.B.: Frankfurter Poetik-Vorlesungen

BAUELEMENTE POETISCHER TEXTE

BILDSPRACHE

Metapher Übertragung eines Begriffs in ursprünglich fremden Bedeutungsbereich
Die Blüte des Lebens. Der Strom der Geschichte. Das europäische Haus.

Synästhesie Sinnesausdruck wird mit einer Bezeichnung beschrieben, d. anderem Sinn
zugeordnet ist
Das Hurra der Farben. Violett klingen die Töne.

Vergleich zwei Sachverhalte werden einander über ein Drittes zugeordnet
→ „tertium comparationis" ist entw. explizit ausgesagt od. implizit enthalten
Er ist stark wie ein Bär.

Gleichnis = erweiterter (längerer) Vergleich, meist auch mit „so wie"
oft schwer v. Vergleich/Parabel zu unterscheiden
*Das Reich Gottes ist wie ein Senfkorn: wenn es gesät wird, ist es das kleinste
unter allen Samenkörnern und so geht es auf und treibt große Zweige...*

Parabel = ein zur (langen) Erzählung erweitertes Gleichnis
Parabel vom verlorenen Sohn (in Bibel)

Allegorie   abstrakter Ausdruck wird bildhaft dargestellt
Justitia für *Gerechtigkeit*. *Weiße Taube* für *Frieden*

Symbol   in einem konkreten Gegenstand wird allgemeiner Sinnzusammenhang sichtbar
steht stellvertretend f. Idee, Handlung, Ereignis
funktioniert nur, wenn Leser weiß wofür es steht
blaue Blume als Symbol f. Romantik/ romantische Sehnsucht

Personifikation Abstrakten Begriffen, Dingen, unbelebten Erscheinungen, Tieren u. Pflanzen
werden personelle Eigenschaften u. Verhaltensweisen zugeschrieben
Der Frühling ging vorüber. Der Winter ist ein harter Geselle. Die Sonne lacht.

Metonymie   eigentliches Wort wird durch anderes, d. in engster Beziehung steht, ersetzt
Ich habe den ganzen Goethe gelesen.

Synekdoche Sonderform d. Metonymie → eigentlich gemeinte Begriff wird nur angedeutet
z. B. indem das Ganze für einen Teil steht od. umgekehrt
Sein letztes Hemd. (= er hat nichts mehr)
Brot(= Nahrung) *für die Welt. Pro Kopf* (statt pro Person).

Emblem   Sinnbild od. Zeichen mit bestimmtem Bedeutungsgehalt
Anker für *Hoffnung. Ölzweig* für *Frieden.*

Topos   Feste Denk- u. Ausdruckschemata, meist aus der antiken Literatur
heute oft auch stereotype Redewendungen, vorgeprägte Bilder
böse Stiefmutter
locus amoenus (liebliche Ort) an d. d. Natur vorübergehend innehält
Verdinglichung auch Vergegenständlichung
Abstrakta werden auf Dinge gespiegelt
als würde etwas konkretes beschrieben werden
Sein Gewissen hielt ihn davon ab, in diesen Zug zu steigen.
Tal des Todes. Quell der Freude.

Leitmotiv   Wiederholtes Auftauchen eines Themas od. Gegenstandes an bedeutsamer
Stelle

Metapher, Allegorie, Symbol, Emblem sind oft schwer zu unterscheiden.

WORTFIGUREN

Euphemismus Umschreibung eines negativen Sachverhalts durch einen beschönigenden
Ausdruck
Entsorgungspark für *Atommülldeponie. Hinscheiden.*

Hyperbel   Übertreibung in vergrößerndem od. verkleinerndem Sinn
blitzschnell, todmüde

Ironie   Verstellung, d, durchblicken lässt, d. sie um den wahren Sachverhalt weiß
Das ist ja eine schöne Bescherung!

Tautologie, Verstärkung einer Aussage durch Verdopplung
Pleonasmus *weißer Schimmel, alter Greis*

Accumulatio Wörter, d. thematisch zusammengehören, werden (meist in Aufzählung)
aneinandergereiht, evtl. unter einem Oberbegriff
Sonne, Mond und Sterne; Feder, Tinte und Papier; Tür und Tor.

SATZFIGUREN

Alliteration Zwei o. mehr Wörter beginnen mit demselben betonten Anlaut
mit Kind und Kegel, Milch macht müde Männer munter

Ellipse Auslassung eines od. mehrerer f. d. vollständige syntaktische Konstruktion
notwendiger Wörter
Was tun?

Synonomie Gleichnamigkeit
sinnverwandte Wörter, deren Bedeutung sich weitgehend deckt
Haus und Hof

Anapher Wiederholung desselben Wortes od. derselben Wortgruppe am Anfang
mehrere Verse od. Sätze
O Mutter! Was ist Seligkeit?
O Mutter! Was ist Hölle?

Klimax Steigerung im Aussageinhalt
Er kam, sah, siegte.

Parallelismus Wiederholung derselben Satzreihenfolge in zwei od. mehr aufeinander
folgenden Sätzen
Heiß ist die Liebe, kalt ist der Schnee.

Chiasmus Symmetrische Überkreuzstellung v. entsprechenden Satzgliedern
Die Kunst ist lang,
und kurz ist unser Leben.

Inversion Umstellung d. üblichen Wortfolge zur Hervorhebung eines Wortes
Auf drängt sich hier die Frage.

Parenthese Einschub eines selbständigen Gedankens
Heute habe ich - ein Anruf gab mir den Anlass dazu - Herrn
Reuter angerufen.

GEDANKENFIGUREN

Oxymoron Pointierte Verbindung zweier einander widersprechender bzw. sich gegenseitig
ausschließender Begriffe
beredtes Schweigen, süße Bitternis

Antithese   Gegenüberstellung gegensätzliche Begriffe oder Aussagen
                 Friede den Hütten! Krieg den Palästen!

Rhetorische Frage, auf die keine Antwort erwartet wird
Frage   *Was ist gewisser als des Menschen Ende?*

Paradoxon   Scheinbar widersinnige Behauptung, die sich jedoch als richtig erweist
                 Eng ist die Welt, doch das Gehirn ist weit.

GRUNDSÄTZLICHE POETISCHE TEXTBILDUNGSVERFAHREN

Abweichung / Verfremdung

Überstrukturierung

Aussparung / Ellipse

GATTUNGEN

Lyrik
Epik (Erzählkunst)
Dramatik

Heute: Epik am Wichtigsten (ab frühes 18. Jhdt.), Lyrik hat Randstellung
→ wg. d. gattungspoetischen Triumphzug d. Romans seit d. 17./18. Jh

Epik: Romane, Reisereportage, Essay

Frühes 18. Jhdt.
Literatur v. Frankreich u. England dominiert
= lesendes u. schreibendes Jahrhundert, Roman spielt sehr große Rolle
Beginn Lesesucht, v. a. Frauen haben sehr viel gelesen

Viel Fremderfahrung (Erfahrungsberichte v. fremden Weltregionen)
      Das Fremde als Impuls sich mit sich selber zu beschäftigen
          → aufgeklärtes Europa: über sich selber nachdenken

        → „Robinson Crusoe", Daniel Dafoe (bis 1940er meistgelesenes Jugendbuch)
             → sehr tugendhaft
             →Beginn v. Trend: Robinsonaden (Mensch auf einsame Insel, Inselutopien)

        → „Die persischen Briefe", v Charles de Seconda

        → „Die Leiden des jungen Werther", Goethe

nichtfiktionale Erzählungen: = Pendant zu Epik, im pragmatischen Sprachgebrauch
→ Geschichtsschreibung, (Auto)biographie, Journalismus, mündliche Erzählungen
gibt auch Erzählformen in Geschichtsschreibung, hat durchaus fiktionalen Charakter wg. Erzählmuster

NARRATOLOGIE
= literaturwissenschaftliche Erzählforschung

aus religiösem Bereich entstanden
die 3 monotheistischen Religionen sind Buchreligionen → lesen u. studieren
Christentum: Bibel, Judentum: Thora, Islam: Koran

Bibel muss in Predigt ausgelegt werden, mehrere Schichten, d. miteinander interagieren
→ hermeneutische Auslegungstradition, Schulen
Bsp.: Parodie eines Textes (funktioniert nur bei Kenntnis d. Ausgangstextes)

Bericht = sprachliche Grundform menschlicher Kommunikation
Erzählen = *eines der „prominentesten Mittel, mit denen der Transfer von Erfahrung bewältigt werden kann"* (Konrad Ehlich)

Literarische Texte sind mehrdeutig, polyvalent

Heute beschäftigt sich Narratologie auch mit Erzählen d. täglichen Lebens

Gerard **Genette** unterscheidet
→ Zeichenfolge (Text als Folge v. allen Wörtern, Zeichen) - *discours*
→ Ereignisfolge (eigentliche Geschichte) - *histoire*

Wie wird (fiktive) Ereignisfolge im erzählerischen Diskurs /(fiktionale) Erzählrede umgesetzt?

Fiktiv = erfunden, in einer fiktiven Welt
Fiktional => bringt d. fiktive Welt hervor (Romanfigur Bilbo = fiktiv; Herr der Ringe = fiktional, d. Roman
dagegen existiert in unserer Realität sehr wohl u. erzählt v. einer fiktiven Welt, d. Bilbo enthält)
faktual = real

1) Fiktive oder faktuale Erzählung?

2) Erzähler? Erzählposition? Wen hören wir?
hier besonders aufschlussreich → Romananfang
(berühmter Anfang: Blechtrommel, Grass: „Zugegeben: Ich bin Insasse einer Heil- und Pflegeanstalt."
=> Paukenschlag, sofort mittenhinein ins Geschehen davor sehr traditionelle Anfänge
„Aber Jakob ist immer quer über die Gleise gegangen")

3) Was und wie? Wie ist Zeitgerüst?
Wie sind discours- und histoire-Ebene miteinander verknüpft?

4) Innensicht, Konfiguration d. Erzählers
Wer spricht außer Erzähler? Wie können wir nicht nur Sprache, sondern auch Gedanken u. Gefühle hören?

5) Intertextualität, Palimzest-Charakter
Wie verhält sich Text zu anderen Texten?

Wie bezieht sich Text auf Leser? → an Vorwissen appelliert?, direkt angesprochen?

Erzählforschung = Wissenschaft f. sich selber

3 wichtige Namen (nicht klausurrelevant)
Franz K. **Stanzel**: „Theorie des Erzählens" (1979)
Gérard **Genette**: „Die Erzählung" (1972/83)
Matias **Martinez**, Michael **Scheffel**: „Einführung in die Erzähltheorie" (2000)

3 typische Erzählsituationen (nach Stanzel):

1) auktorialer Erzähler
persönlich, einmischend, kommentierend, meist allwissend, der von außen betrachtet
zB.: Goethe, *Wahlverwandtschaften*

2) personaler Erzähler
erzählt aus Sicht d. Figuren, hinter d. er zurücktritt. Leser gewinnt Eindruck, dass er direkten Einblick in Geschehen habe, Leser weiß nicht mehr als Erzähler
zB.: Kleist, *Findling*

3) Ich-Erzählsituation
Erzähler gehört zur Welt der Figuren
Differenzierung nach Genette:
    a) *personale Form* → Person, d. *ich* sagt
       zB.: Goethe, *Werther*

    b) *auktoriale Form* → Überschneidung v. Ich beim Erzähler u. Autor
       zB.: Goethe, *Dichtung und Wahrheit*

Genette unterscheidet zwischen

a) der Geschichte (*histoire*) → narrativen Inhalt bzw. Substrat
wesentlicher Bestandteil => *Diegese* (d. erzählte Welt)

b) der Erzählung selbst (*discours*) → narrativen Text oder Diskurs

c) der *Narration* → produzierenden narrativen Akt → Erzählakt
(vielleicht auch d. mündliche Erzählung)

→ können nicht unabhängig voneinander betrachtet werden.

3. Einheit Narration kommt nicht einfach zu Was u. Wie hinzu, sondern verändert grundsätzlich d. Ausgangstruktur.
→ Damit wird d. *Basis der Erzähltextanalyse* geschaffen!
= wie Geschichte (Inhalt), Aussage (Text) und Aussagen (Akt) zusammenhängen

dazu nach Genette
Analyse-Kategorien:

1) Zeitkategorien
Erzählzeit ←→ Erzählte Zeit

z.B.: Zauberberg: Zeit verläuft immer schneller, 1. 5 Kapitel: 7 Monate (Zeitdehnung), letzten 2
Kapitel: 2 Jahre (Zeitraffung), entspricht d. Zeitgefühl beim Älterwerden

2) Erzählmodus
   aus welcher Perspektive? Von welchem Standpunkt?

3) Kategorie d. Stimme
   wie kann ich sagen, wer erzählt?

Drama u. Theater, Dramenanalyse

Wichtigstes Kennzeichen: Unmittelbarkeit

Unterschied: Drama ←→ Theater (Inszenierung)
                    ↳ Einheit v. auf Bühne gesprochener u. gezeigter Handlung

Drama liest sich oft schwerer, ist für Aufführung gemacht
Textanlage auf Inszenierung zugeschrieben (viel Gestik, Bewegung, non-verbal)

Litwissensch.: Drama als literarischer Lesetext
Theaterwissensch.: schaut auf Inszenierung
Theater = öffentlicher Ort, gesellschaftliche Institution
Theater = räumliche u. soziale Ort d. Dramas → schafft Kontext f. Aufführung

Drama u. Theater unterliegen starken historischen Wandlungen (allein in Architektur)

Unterscheidung: Figur, Person, Charakter

Haupttext (Figurenrede) ←→ Nebentexte (Handlungsanweisungen)

Figurenrede: Kennzeichnung wer spricht
             2 Formen: Dialog, Monolog

Grundeinheiten d. Theaters: <u>Akt, Szene, Auftritt</u>

sehr wichtig: <u>Dramen- u. Tragödienauffassung v. Aristoteles</u>

im griech. Staat → Theater wichtige soziale Funktion
                 = Ort, wo grundlegende gesellschaftliche Probleme ausgetragen wurden

Dramenbestandteile nach Aristoteles → aus diesem Kontext heraus

-   mythos (Handlungszusammenhang)
-   ethe (Figuren bzw. ihre Charaktere)
-   lexis (Sprache bzw. Figurenrede)
-   dianoia (Gedanke / Absicht d. Dramas)
-   opsis (poetische Darstellung, Schau bzw. Szenerie)
-   melopiia (Gesang u. Musik)

Mythos kommt aus Theater

Mythen → immer wieder neu beschrieben, nationale Mythen (zB „Herman, der Cherusker")

Aristotelische Dreieck
= klassische Dramenkonstruktion

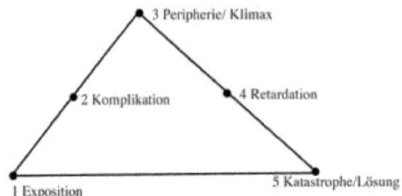

1) Exposition (Einleitung)
   handelnden Personen werden eingeführt, dramatische Konflikt kündigt sich an

2) Komplikation (Steigerung)
   Steigende Handlung – es kommt zu Konflikten

3) Peripetie/ Klimax
   a) Wendepunkt (Erkenntnis)
   b) Höhepunkt→ Tod

4) Retardation (Fall/Umkehr)
   → Verlangsamung um auf Katastrohe hinzuarbeiten

5) Katastrophe/Lösung
   a) Es kommt zur Katastrophe
       z. B. Hamlet → sein Tod, Massensterben
   b) Alle Konflikte werden gelöst z. B. Nathan der Weise → alle sind verwandt u.
   glücklich, Massenumarmung

3 Einheiten
Einheit des Ortes (keine Ortswechsel)
Einheit der Handlung (eine durchgehende Haupthandlung)
Einheit der Zeit (keine Zeitsprünge)

Ständeklausel
Keine Berührungen von Adeligen und Nichtadeligen
Tragödie => hohe Gattung, hohe Werte/Themen (Leben u. Tod, Ehre), hohe Personen

Komödie => niedere Gattung, f. einfaches Volk, niedere Werte (Essen, Geld, Erotik u. Sexualität)

Tragikomödie => Komödie mit tragischem Ausgang

Fallhöhe
Je höher eine Person gestellt ist, desto tiefer fällt sie
→ durchbrochen erstmals durch Lessing, dann natürlich Sturm u. Drang

Bürgerliches Trauerspiel
=> Veränderung im Dramenpersonal: erstmals Bürger in Tragödie

mit Figuren ändern sich auch → Redestil u. Sprache d. Dramas
? inwiefern darf Adelsmacht auch den privaten, intimen Raum d. Familie beherrschen ?

„Miss Sara Sampson", „Emilia Galotti" (Lessing)
„Kabale u. Liebe" (Schiller) → dann natürlich Sturm/Drang

Geschlossene Dramenform
repräsentativer Ausschnitt, begrenzte Figurenzahl,

Ausgewogenheit, Ziel, Richtung, Sukzession, Kausalität, Allgemeinheit
z.B. Goethe: Iphigenie auf Tauris

Geschlossene Dramenform ←→ offene Form
fragmentarischer Ausschnitt, unübersichtliche Konfiguration,
Reihung als Strukturprinzip, Unausgewogenheit

z.B. Büchners Woyzek, Dramenfragment

Wirkung d. Dramas

Katharsis
        = klassisch; nach Aristoteles

        = die d. Gemüt reinigende Wirkung d. Dramas
        → Tragödie soll Jammer u. Schauder beim Zuschauer hervorrufen (d. dann von diesen
        Affekten gereinigt wird)

        => sittliche Läuterung, wobei psychologische Faktoren im Spiel sind

Gegenstellung: Brechts episches Theater
        → Zuseher soll sich nicht mit Stück identifizieren (Moment d. Illusion aufheben),
        →Stück soll distanzieren, zum eigenen Nachdenken anregen

Mittel d. Verfremdung (um Unmittelbarkeit d. Theaters aufzuheben)

z.B. Ort, d. nicht mit d. Handlung zutun hat
Lieder, Aufforderungen, d. Handlung unterbrechen
        Bsp.: Parolen, d. durch Theater getragen werden: „Glotzt nicht so romantisch!"

LYRIKANALYSE

Gedichte sind „Lautkörper", müssen laut vorgelesen werden

grundlegend für Lyrikinterpretation = Metrik, Reimformen, wichtigsten Strophen- u. Gedichtformen, häufig vorkommende Stilmittel

Form u. Stilelemente ≠ Selbstzweck => immer im Zusammenhang mit dem Inhalt (meistens: Schilderung einer Situation, in d. sich d. Sprecher (= lyrisches Ich) befindet)

gebundene Sprache => in Versform

Reim = Gleichlautung von Lauten

Schema der Reimformen

Gespaltener Reim: Abitur/Pappi stur

Gebrochener Reim: das raffinier- /te Tier

Schüttelreim: Himmelsgrausen/Grimmelhausen (Anfangslaute vertauscht)

unreiner Reim: Heiden/Freuden

1.) abab – Kreuzreim
2.) abba – umarmender/ umschließender Reim
3.) aaaa – Haufenreim (bbbb cccc)
4.) aabbcc – Paarreim
5.) aab ccb – Schweifreim

Versmaß

Vers: Zeile in gebundener Sprache, betonte/unbetonte Silben regelmäßig verteilt

Strophe → gliedert Verse nach Gedankenvariationen

/ = Hebung, u = Senkung

auf Ebene d. Verszeile → Wechsel v. Hebungen u. Senkungen = Versmaß oder Metrum

Weiblich: Vers-Endung unbetont
Männlich: Vers-Endung betont

Ene mene miste,
Es rappelt in der Kiste,
ene mene meck -
und Du bist weg!

Saget, Steine, mir an, o sprecht, ihr hohen Paläste!
Straßen, redet ein Wort! Genius, regst du dich nicht?

je näher zur Gegenwart → desto häufiger weichen Autoren v. tradierten Regeln ab

Entwicklung zu *freien Rhythmen* → kein durchgängiges Versmaß, unterschiedlich lange
Verszeilen u. Verzicht auf Reime

gängigsten Metren in der deutschsprachigen Lyrik (nicht zwingend Stoff)

Jambus: x °   (unbetont – betont) ; beschwingt

Trochäus: ° x   (betont – unbetont) ; düster

Anapäst: x x °   (unbetont – unbetont – betont) ; galoppierendes Pferd

Daktylus: ° x x   (betont – unbetont – unbetont) ; Walzertakt

Alexandriner
= ist ein zwölf- oder dreizehnsilbriger Reimvers
= 6 hebiger Jambus
→ zwischen 6.+7. Silbe ist kurze Pause (Zäsur nach der 3. Hebung)

→ beginnt auftaktig (mit einer unbetonten Silbe), nicht selten folgt auf letzte Hebung eine
unbetonte, 13.Silbe

Vers commun
= verkürzte Variante des Alexandriners, mit einer Zäsur nach d. 2. Hebung

Blankvers
5-hebiger Jambus
→ ungereimt !
Häufig im 18. Jhdt. → in Dramen (kaum im Lyrik)
= Versmaß d. Klassik („Nathan, der Weise" u. „Don Karlos")

→ entwickelte sich in engl. Literatur als reimlose Nachbildung des vers commun

Endecasillabo
= 5hebig Jambus
hat 11 Silben u. weiblicher Endung
= gereimt

→ Seit Dante (1265-1321) ist d. Elfsilbler d. klassische Vers d. italienischen Literatur

Hexameter
°xx°xx°xx°(°)°xx°x
= auftaktloser Sechsheber
→in d. strengsten Variante ausschließlich aus Daktylen
→ endet mit einer einfachen Senkung.

Knittelvers
acht- od. neunsilbiger Vers mit Paarreim
Vers ist unregelmäßig, holprig
wichtigstes Versmaß in der deutsche Literatur de 16. Jhdts.
in Renaissance, teilweise in Goethes Faust

Pentameter
6hebiges, daktylisches Versmaß
mit Zäsur nach dem dritten Versfuß

Worauf achten bei Gedichtinterpretation?

- verwendeten Stilmittel
- rhetorischen Mittel
- Sprache
- insbesondere Gebrauch v. Substantiven, Verben u. Adjektiven
- Bedeutung von Farben und Tönen, Bewegungen und Jahreszeiten

- formale Signifikanzen
  z.b. das Enjambement (Zeilensprung)

→ Formale Auffälligkeiten korrespondieren meist mit einer inhaltlichen Bedeutung.

Inhaltsanalyse
- Wer spricht?
  Wenn ein Ich spricht => das lyrische Ich

- Was ist das Thema des Gedichts?
  Naturgedicht, Liebesgedicht, Großstadtgedicht, Rollengedicht etc.

- Beschreibung u. Deutung d. Text-Kontext-Beziehungen

- Welche Funktion haben beschriebene formale Beobachtungen u. Auffälligkeiten?

- Verwendung eines bestimmten Metrums, einer bestimmten Reimform od. einer
  bestimmten Gedichtform => oft ein Epochenindiz

GEDICHTFORMEN

Ballade   Mischung aus lyrischen, epischen u. dramatischen Elementen,
              in metrisch gebundener Sprache verfasst, narrativ strukturiert (erzählt etwas)
              enthält dialogische Momente einer dramatischen Figurenrede

Hymne   formal weitgehend unbestimmter Lobgesang, meistens in freien Rhythmen

Elegie   zunächst nur formal bestimmt durch d. elegische Distichon
              → erst später erfolgt eine inhaltliche Bestimmung als Trauergedicht
              (Goethes Römische Elegien haben allerdings einen erotischen Inhalt)

Epigramm   zwischen zwei u. acht Zeilen lang, manchmal im elegischen
Distichon (Zweizeiler aus Hexameter u. Pentameter) mit einer sprachlichen
oder sachlichen Pointe

Ode   in Antike: Lied bzw. Gesang
heute: Familie v. Gedichtmaßen, gekennzeichnet durch zum Teil individuelle,
zum Teil geregelte Strophengestaltung u. deren koordinierte Kombination.
→ meist für feierliche u. erhabene Gegenstände u. Anlässe

Sonett   Familie von Gedichtmaßen. 14 gleichförmige Verse, gegliedert in
Gruppen v. Versen, d. durch Reime strukturiert werden
v. a. im Barock

METHODEN UND THEORIEN DER LITERATURWISSENSCHAFT

Methode = Herangehensweise, Zugänge zu Texten
Welche Fragen stelle ich an Text? welche Probleme sehe ich?
immer nachfragen, ob diese Methode adäquat ist

Methoden haben immer sehr stark mit d. Epoche zu tun → zeitbezogen, gibt Moden
siehe v. a. literaturwissenschaftliche Arbeiten unter (Nazi)-Diktatur

man sollte Methoden immer misstrauen, v.a. wenn sie sich nicht mehr mit d. Text
beschäftigen (Autor, Leser, Erfahrung sind sehr wichtig, aber nicht d. Wichtigste)

→ Methoden sollen sich nicht verselbstständigen

Methodenwissen = wichtig, um versch. Richtungen zu verstehen
→ Lit.wissenschaftler sollten sich mit Methoden auskennen, sich inspirieren lassen

Aber immer kritisch sein → im Mittelpunkt sollte immer TEXT sein!

Methodische strenge theoretische Untersuchungsverfahren fallen häufig reduktionistisch aus:
- Vielfalt der Textbezüge wird aufgelöst od. zerstört
- d. Werk wir nur ein Beispielcharakter zugesprochen
- Unbekanntes wird auf Bekanntes zurückgeführt
- Text büßt seine Widerständigkeit ein

=> Manche Interpretationen nehmen Text so auseinander, dass er nicht mehr übrig bleibt

→ Neben theoretischem Reflex hat unmittelbare <u>ästhetische Erfahrung</u> Stellenwert
→ Ästhetische Erfahrung lässt sich nicht in Methoden quetschen

→ im Modell- u. Systemdenken wirken mitunter mechanistische Weltbilder, d. zur
Verdinglichung tendieren

→ wenn man zu stark theoretischen Regeln folgt, geht Gegenstand verloren !

Neuere Lit.Wissenschaft verfällt stark in Modelldenken
→ bleibt hinter behandelten Werken zurück

im schematischen Gebrauch wird vieles höchst ungenau
Schematismus hat immer Anspruch genau zu sein, aber erzeugt oft d. Gegenteil
→ wird das dem Werk gerecht?

=> es gibt Unterschied zw. Erklären u. Verstehen

- Tendenzen in Lit.wiss.
  o „Gegenstandsverlust" → darf nicht Werk vergessen
  o „Komplexitätsverlust"
  o „Subjektverlust" → eigenes Interesse, eigene Messung darf auch
    wissenschaftliche Erkenntnis sein

Literatur hat keine Gesetzmäßigkeiten wie d. Naturwissenschaften
→ Zugang = individuell
→ Literaturwissenschaft sollte von Literatur lernen
→ Wissenschaftlichkeit und Kenner- und Liebhaberschaft verbinden.

auch *exemplarischen Subjektivität* = wichtig !

heute gute Methode: Zuerst nur d. Werk betrachten, dann alles andere dazu

Schulmethode: lange Biographie d. Autors, dann kurze Inhaltsangabe = > **Biographismus**

Positivismus
    ähnlich zu Biographismus, Schwerpunkt liegt nicht auf Interpretation
    → Zusammentragen v. Faktenwissen
    eben wie biographische Daten, etc.

    hat Berechtigung, aber meist nur halbe Miete (Interpretation fehlt)
    Editionen arbeiten oft positivistisch

    wichtigte Vertreter: Auguste Comte,
    Wilhelm Scherer (3 Es: Ererbtes, Erlerntes, Erarbeitetes)

    v.a. im 19. Jhdt. vertreten, danach Gegenbewegung, wo v.a. interpretiert wurde

Werkimmanente Interpretation
    v.a. in den 1950er/60ern – seit 68er nicht mehr angewandt
    = Ausblendung außertextlicher Entstehungs- und Rahmenbedingungen

    => es gibt nur Text, nichts außenrum (keine Biographie, keine Gattungsgeschichte)
    => fast Heiligsprechung d. Textes

    → geht nur um Bezug v. Kunstwerk zu Text u. Leser → Reaktion mit Text
    Emil Steiger: „Begreifen, was uns begreift."

(Post)-Strukturalismus
Anfänge im russ. Formalismus ab 1915
bis heute sehr wichtig
beziehen sich auf de Saussure
sehen Text als Zeichensystem → untersuchen, wie sie sich aufeinander beziehen

Konzentration auf Sprache, Text wird wieder gelesen

Kritik: geht oft an Inhalt vorbei
Text => sprachliches Konstrukt aus klassifizierbaren, analysierbaren Elementen

Weiterentwicklung: *Narratologie* (siehe vorne)

Sozialgeschichte d. Literatur
als Folge der 68er
alle modernen Literaturgeschichten sind sozialgeschichtlich

→ Literatur wieder im Zusammenhang mit gesellschaftlichen Prozessen gesehen

→ Erweiterter Literaturbegriff: Literatur im Hinblick auf Wechselverhältnis zum
   gesellschaftlichen Prozess
 + als Ausdruck d. sozialen u. kulturellen Verfasstheit einer Gesellschaft
    → Wie steht Kunst in Gesellschaft?

Wichtiger Vertreter:
- Georg Luckács (Literatur muss Klassengesellschaft w.spiegeln) → Real-Sozialismus

- Frankfurter Schule: Adorno, Walter Benjamin, …
- Adorno: Verhältnis v. Kunstwerk u. Gesellschaft (Kunstwerk = autonom, heilig)

Systemtheorie / Literatursoziologie
= manchmal schwer mit Sozialgeschichte zu trennen
(Unterschied: Sozialgeschichte setzt mehr auf d. historischen Prozess)

= nüchternere Methode
→ Literatur wird als soziales System besprochen

Literatur = autonomes Funktionssystem → Apparat Literatur
→ gehen v. übergeordneter Strukturen u. Regelmechanismen aus

= zur Beschreibung gegenwärtiger Abläufe geeignet

Kunst = Teil eines großen Distributionssystem, entsteht nicht im luftleeren Raum
→ Analyse lit. Texte im Rahmen d. Systems Kunst

Rezeptionsästhetik
Buch ist nicht für sich da => ist Prozess d. Leseerfahrung

→ nur im Akt d. verstehenden Lesens, kann Werk d. Horizont seines Entstehens übersteigen – reden auch v. „impliziten Leser"

→ wir wollen nicht zwingend immer nur verstehen, was d. Autor sagen wollte

→ Buch kann im historischen Prozess Eigenleben entwickeln

Leser sind individuell u. kulturell unterschiedlich
=> interkulturelle Hermeneutik (Lesen unter fremdkulturellen Bedingungen – wenn einem d. Traditionen nicht bekannt sind)

Literatur-Psychologie
= methodisch unterschiedliche Ausrichtung an Psychologie / menschlichen Psyche
+ am Element des Unbewussten

Dreieck: oben: Werk, links.: Autor, rechts: Leser

Leser spielt entscheidende Rolle → unmittelbare Empfindungen stehen im Mittelpunkt

Kritik: zu weit weg vom Text

Feministische Literaturwissenschaft
in d. 1960ern entstanden
→ Kritik an Dominanz d. männlichen Blicks

Frauen in alter Literatur unterrepräsentiert, aber durchaus vorhanden
in einigen Genres (wie Briefliteratur) sogar in Überzahl

→ Erarbeitung eines Gegenkanons:
→ haben Schriftstellerinnen ausgegraben
=> Schreiben einer Frauenliteraturgeschichte

→ Weibliches Schreiben, weibliche Ästhetik

Weiterentwicklung: Kritik an Stereotypen u. patriarchalen Machtverhältnissen, Betrachten v. Weiblichkeitsbildern in Literatur (Maria ←→ Hure)

dann weiter zu mythischen Frauen-Formen

Männlichkeit ←→ Weiblichkeit => Übergang zu

Gender Studies
Unterscheidung sex (biologisches Geschlecht) und gender (sozial-konstruiertes Geschlecht)

Frage nach Geschlechterverhältnissen, Geschlechterrollen
→ historisch wandelbar, regional unterschiedlich

→ Kulturelle Repräsentationen v. Weiblichkeit u. Männlichkeit

Poststrukturalismus/ Dekonstruktion
    = Kritik am hermeneutischen Ansatz
    = nach Jaques Derridas

    → Kategorie d. Bedeutung u. d. literaturanalytische Frage nach Bedeutung
    werden zurückgewiesen

    → richtet gg. Ganzheit u. ein vereinheitlichendes, auf Vernunft u. Logozentrismus
    ausgerichtetes Denken in d. Tradition der Aufklärung

    = Versuch, fest gefügte Textkonstruktionen auf ihre Offenheit hin zu prüfen
Intertextualität
    = Vernetzung v. Texten (Bild d. Palymzests)

    = Konzentration auf Korrespondenz u. Interaktion v. Texten:
        Prätexte (Vorläufer),
        Subtexte (Eigenleben),
        Intertexte
        Textschichten,
        intertextuelle Dimensionen von Texten

    Intertextuelle Verfahren → Motti, Zitate, Zitatmontagen,
    (viele Bücher stellen Zitat/Motto v. anderem Autor dem Werk vor)

    Korrespondenz => sehr klar bei: Parodien , Anspielungen, Travestien

    = Bezugnahme auf Texte → Autoren haben große Kennerschaft
    → auch wenn sie sich gg. etwas stellen, sich auf nichts beziehen wollen (verschleiern), nimmt doch
    jeder Text irgendwie auf andere Bezug

Diskursanalyse
    Texte → auf außerliterarischen u. außertextuellen Rahmenbedingungen hin untersucht

    geht ≠ um Intention d. Autors
    Bezug auf Foucault → Absetzung v. autorzentrierten Erkenntnisbegriff

    → Literatur wird als ein von außen bestimmter Diskurs betrachtet,
       der eng mit anderen Diskursen verknüpft ist (→ Literatur entwickelt sich weiter!)

    z.B. literarische Trauerrufe, Nachruf

    Zwei Erkenntnisziele:
    a) Nachweis u. Identifikation v. Diskursen
    b) Beschreibung d. Funktionsweise d. Diskurse (z.B. klare Vorgabe bei Nachruf)

    Interdiskurs = Schnittmenge zw. versch. aufeinander bezogenen Einzeldiskursen

New Historicism
   Kultur = Gegenstand
   → Kultur wird als Text verstanden / über Texte erschlossen => erweiterter Textbegriff

   → Verhältnis v. Literatur u. Geschichte:
   Geschichte als Zirkulation „sozialer Energien"

   Repräsentation → einzelne Objekte werden isoliert u. als Statthalter kultureller
   Ereignisse interpretiert

   Stephen Greenblatt: nicht nur „Geschichtlichkeit v. Texten", sondern auch „Textualität
   v. Geschichte"

   Übergreifendes Verfahren: Hermeneutik
Kultursoziologische und mentalitätsgeschichtliche Ansätze
   → Literatur als Sozialgeschichte

   Wichtig: *Pierre Bourdieus* (Feld-)Theorie zur Beschreibung und Analyse der
   soziokulturellen u. gesellschaftspolit. Rahmenbedingungen d. lit. Produktion

   => geht nicht um einzelne Texte, sondern Literatur-Rahmenbedingungen
   → welchem Feld liegt Literatur zu Grunde?

   Aspekte einer mentalitäts- und kulturgeschichtlich orientierten Literaturwissenschaft
      → Analyse des sozialen und gesellschaftl. Raumes, in dem Autoren agieren
      → Literatur nicht als Abbild, sondern als Medium der Kommunikation
      nicht dargestellt, sondern als Mittel verwendet

   Literarisches Schreiben nach Bourdieu => „Objektivation eines bestimmten Habitus"
      Sprechweisen, bestimmte Verhaltensweisen, Vokabular bestimmter Autoren

   → Verbindung d. literarischen Praktiken mit anderen gesellschaftlichen Bereichen

   Literatur = Seismograph f. gesellschaftliche Entwicklungen

---

LITERATURGESCHICHTSSCHREIBUNG
   → im heutigen Sinne seit 18. Jhdt.

In Schule: meist recht schematisch, Rahmenwissen

Fast alle Versuche einer Gesamtgeschichte d. deutsche Lit. → als Sozialgeschichte konzipiert

Wichtige große deutsche Literaturgeschichten: Zmegac, Glaser, Grimminger, Bahr, ...

Teil d. Literaturgeschichtsschreibung → Kanon

KANON
= Textsammlung

griech. „Maßstab", „Richtschnur"

ursprünglich Regeln aus Antike f. bestimmte Bereiche → wonach man sich richten kann

dann in Theologie sehr wichtig: welche Texte aus alten u. neuem Testament sind kanonisch?

spätes 18. Jhdt.: Schulkanon eingeführt
→ Leselisten, verbindliche Auswahl klassischer Autoren
anfangs: griech. u. röm. Altertum

? Was sollen Lit.wissenschaftler denn gelesen haben?
→ möglichst viel, möglichst repräsentativ
gibt immer Schlüsseltexte f. Epochen

19. Jhdt.: Entwicklung eines Kanon d. Lit.wissenschaft
Vorraussetzung: Modell nationaler Literaturentwicklung
+ jeweils zugewiesene Höhepunkte
GER Weimarer Klassik
GB Shakespeare

vorher: Entwicklung zu Höhepunkt hin
nachher: Abstieg, nicht mehr als wahre Literatur angesehen

→ sehr auf Höhepunkt fixiert, d. anderen rumgruppiert Lessing, Klopstock, Herder

lange Zeit Unterricht daran ausgerichtet: Goethe war Pflicht, Gegenwartsliteratur egal

Funktion

→ jeder Kanon => von bestimmter Ansichtsweise geprägt

jede Gesellschaft hat eigenen Kanon, v. a. wenn es starke Nationalgeschichte gibt

Kanon = kulturelle Selbstdarstellung einer Gesellschaft
→ beruht auf Übereinkunft einer Gruppe od. Kultur ausgewählte Texte als Norm zu
klassifizieren u. f. wert zu befinden, überliefert zu werden

Kanon = Organ d. kollektiven Identitätsstiftung u. kulturellen Selbstdarstellung

= immer auch Form d. Wertzuschreibung

Kanon ist im Wandel, ändert sich mit Stimmung, Zeit, ...

bestimmt v. Bildungsorganisationen, Verlage, Buchhändel, Presse, Fernsehrunden, Werbung

Kanon-Kritik
ab 1970er:

- Hierarchie
- Ausschließlichkeit u. Nicht-Zugehörikeit
- Kanon als Machtinstrument
- Kritik am Konzept der Repräsentativität

→ hat sich gelegt, weil es heute Kanon-Pluralität gibt
    → werden oft erweitert, es gibt mehrere gelichzeitig u. nebeneinander
        (z.B. pro Schul-Bundesland)

Deutungsoffenheit
Kanonisierte Werke ≠ unhinterfragbares Bildungsgut
→ hochkomplexe Kunstwerke, d. vielschichtige Leseerfahrungen u. Auslegungen zulassen

→ nur unter diesen Bedingungen vermag Kanon seiner Aufgabe gerecht zu werden
    => literarische Traditionen problemorientiert u. lebendig zu vermitteln

Vier **Kategorien**

1) Kernkanon
    = zentrale Werke der lit. Tradition, ohne die d. Kanonkonzept keinen Bestand hätte

2) Subkanon
    = Maßstäbe für bestimmte Epochen, Gattungen, Stile etc.

3) Gegenkanon
    = in Opposition zur Mehrheitskultur
    v. benachteiligten od. unterrepräsentierten Gruppen
    z.B. Literatur von Frauen, der Arbeiterklasse, Migranten, ethnischen Minderheiten

4) Negativkanon
    = Autoren, Texte, lit. Gruppierungen u. Entwicklungen, d. aus ideologischen Gründen
    explizit aus Kanon ausgeschlossen wurde
    z.B. Literarischer Jakobinismus, Vormärz, Expressionismus

(mögliche) Kriterien – was kommt in einen Kanon?

- Exzeptionalität (herausragende ästhetische Qualitäten)
- Repräsentanz (Stellenwert für eine Epoche, Gattung, literarische Strömung od. soziale Bewegung)
- Aktualität eines Textes in der jeweiligen Gegenwartskultur
- Innovation
- Originalität

Kanondebatten
        → Kanonrevision
so ab 1960er

= Relativierung d. Vorbildcharakters d. Weimarer Klassik

→ Literaturbegriff hat sich erweitert → neue Genres als hochwertig anerkannt
(Briefe, Essay, Kalenderblatt, Journalistische Formen, Reisebericht, Feuilleton, Aphorisem)

=> Ausgangspunkt einer feministischen Literaturwissenschaft
→ Rekonstruktion weiblicher literarischer Traditionen

a) Integration v. Autorinnen
b) Offenlegung einseitiger Kanonisierungs-Prozesse u. Neuformulierung literaturhistorischer Prinzipien

Paradigma: Interkulturalität

Lit.wissenschaften entstanden mit Nationsbildung, sind sehr national geprägt

dabei hätten Epochen wie „Sturm und Drang" ohne europäische Entwicklungen gar nicht entstehen können

→ Lit.wiss. muss weg von Nationalität → hin zu Interkulturalität

Gerade in Zeiten v. Globalisierung u. Migration => Herausforderung an Lit.wiss.

Literatur im Medienwandel

Buchleben ändert sich
es wird mehr gelesen als früher, aber anders gelesen (andere Mittel)
→ es führt kein Weg an Lesen vorbei
=> Chance f. Lit.wissenschaft

im Medienzeitalter:
neue Herausforderungen, Auswirkungen d. medialen Technik auf Literatur

Produktionsumstände spielen eine Rolle
technische Bedingungen d. Verschriftlichung

Entwicklungen: frühere Romane oft als Fortsetzungsromane in Zeitungen erschienen (= auch andere Art zu schreiben) → andere Entstehungswege

Neue Formen d. Lit.wiss. → auch in Richtung Medienwissenschaft

Massen- u. Trivialliteratur, Rundfunk, Film u. Fernsehen, Hypertext u. Internet
E-Mail-Romane

Mediengeschichte d. Literatur
Medienhistorische Bedingungen: Radio-Feature, Fernsehspiel, Werbung

→ andere Art d. Produktion, Distribution u. Rezeption

Zunehmendes Interesse an neuer Rezeption
Was geschieht mit Autor, Form, Bedeutung, Leser, wenn Texte ins Internet wandern?
Wenn sie dort ihre Gestalt permanent verändern?
Wie können/sollen wir mit „sekundärer Oralität" v. audiovisuellen Medien umgehen?

Lit.wiss.schaftler → medientechnische u. historische Grundkenntnisse aneignen
≠> Ziel, Literaturwissenschaft durch Mediengeschichte zu ersetzen.